СИЛЬВА РЯБИЧЕВА

ПЕСНЬ ДУШИ

СТИХИ И ПРОЗА

СИЛЬВА РЯБИЧЕВА

ПЕСНЬ ДУШИ

СТИХИ И ПРОЗА

Effect Publishing, Inc.
New York, 1995

Сильва Рябичева
ПЕСНЬ ДУШИ
Стихи и проза

Sylvia Riabichev
SONG OF THE SOUL
Poems and Prose

ISBN: 0-911971-57-2
Library of Congress : 95 - 60573

Обложка работы Сильвы Рябичевой

For orders and information adress:
Sylvia Riabichev
37 Overlook Terrace #**2D**
New York, NY 10033, USA

Published & distributed by
Effect Publishing Inc.
501 Fifth Ave. Suite 1612
New York, NY 10017

Я взял искренностью
и насыщенностью
чувств там,
где другой взял бы
мастерством да
вымыслом

Владимир Набоков
"Истребление тиранов"

СОДЕРЖАНИЕ:

1. ПОЭЗИЯ

2. ПРОЗА

а) Рассказы

С Т И Х И

**Поэзия есть сознание
своей правоты**

О. Мандельштам

МЕЧТА

Растаявший мираж приснившегося дня,
Унёсшего меня в далёкие края,
Где нет уже забот, сомнений и разлук,
Где я найду тебя, далёкий милый друг.

Где нету никого, твердившего "нельзя",
Нам выстелит рассвет постель из хрусталя,
И мы с тобой зачнём внебрачное дитя,
Чтоб заостриться в нём, друг друга обретя.

8 марта 1993 года

ВЕЩИЙ СОН

Как комната моей души тиха!
Она строга, и нету в ней прохожих,
И нет событий, с караваном схожих...
Как странно, что она почти совсем пуста.

Чернеет справа подсознанья стенка.
На ней плывут куда-то корабли.
Страшусь я неизвестности застенка,
Но все же верую - из мрака выведут они.

Напротив ниша в сером одеяньи
Там неприметно спрятался алтарь.
Напоминает он о мирном прозябаньи.
Совсем как было где-то встарь.

Пол блещет ярким фиолетом.
Во мне он будит страх и сплин.
И я в ответе перед этим светом:
Ведь это данный мне трамплин.

Налево стенка со следами быта.
На ней мне суждено построить мир.
Вся истина на той стене сокрыта.
Боюсь я, как бы не разрушить этот миф.

Шкаф позади скрывает содержанье.
Его мне рано открывать сейчас.
Здесь неуместно нетерпенья недержанье -
На все придет заветный час.

Апрель 1993

ПУТЬ ОТ СЕБЯ

Мой долгий путь терялся в дебрях ночи,
когда стремилась превозмочь я
саму себя,
желанием горя
увидеть что-то,
что понять нельзя.
Когда б мне истина открылась,
что вовсе не к себе стремилась,
а от себя,
по времени скользя,
его соизволения прося,
увидеть не ничто́,
а не́что...
На этом спотыкались вечно
ищущие.
О, как принять,
что пустоту нам надобно искать,
в немом молчаньи тишину обнявши
и стук своих сердец унявши,
нырнуть в ничто,
чтобы увидеть все?!

30 октября 1993

“Боюсь не смерти, а ее вечности”.

Эминеску

Я смерти не боялась никогда!
Она владела памятью всегда,
но только не хотела ей открыться.
А я мечтала так забыться,
чтоб помнить все, не ведая того.
Наш ум блуждает на поверхности всего,
лишь будоража гладь сознанья,
но не тревожа глубины познанья -
вот мыслеформы суть.
В отказе от нее проходит путь
в бессмертие, что так подобно смерти,
пришедшей в запечатанном конверте,
где “да” иль “нет” приходит вслед
за вскрытием...

30 октября 1993

* * *

Мы уходим в заботу,
суету и дела,
мы уходим в работу,
мир души не щадя.
Прорастаем слезами
мы и ночью и днем,
и едва понимаем,
что когда-то умрем.
Когда выстелит время
нам дорогу вперед,
лишь тогда открываем:
вместе с нами умрет
мишура и волненья,
слава вся и тщета,
и останется только
чуть заметно тропа,
что проложена болью,
и ростками надежд,
и любовью и верой,
и злословьем невежд.

Декабрь 1993

“СОННАЯ” ЛЮБОВЬ

Где-то маленький фонарик
светит за окном.
Прикорну я на подушке
и забудусь сном.
Сном, в котором я уеду
далеко опять,
сном в котором я устану
города считать.
Поплывут вдаль надо мною
облака опять.
И пойду я по тропинке
вó поле гулять.
Там увижу я березку,
что милее нет,
назову ее родимой
песенке вослед.
Встречу, может, там миленка,
полюблю опять,
и зачну я с ним ребенка
времени я вспять.
Приласкаю, приголублю,
отогрею кровь.
Может, чудом я узнаю
хоть во сне любовь.
А когда настигнет утро
сонную меня
то тебя я не узнаю
вдруг при свете дня.
И опять закрутит вихрем
снежный будний день,
но совсем иначе будет
это все теперь.
Потому что где-то бродит
нужный человек -
тот, который полюбился
мне во сне навек.

3 января 1994

* * *

Заглянул в окошко месяц молодой.
Я его спросила: "Где суженый мой?"
Громко он ответил, испугав меня,
Что за все в ответе лишь судьба да я.

3 января 1994

В НЕБЕ

Скользили мы по облакам,
как по земле.
Весь мир принадлежал лишь нам -
казалось мне.
Сугробы снежные клубились подо мной,
за слоем слой сверкал, за слоем слой.
Стремилась к солнцу ввысь окрепшая душа,
и на светило я смотрела чуть дыша.
Весь шар предстал вдруг,
как Полярный Круг.
И Бог был близко тут,
как верный друг.
Прорвало тучу, словно властною рукой,
и увидала вдруг я землю подо мной.
И шахматной доской прикинулась она,
но партию сыграть никак не удается.
Ход королем уж сделать мне пора,
но ничего в руках не остается.
Озерным блюдцем светится вода,
хребты взмывают горбами верблюда,
пески змеятся тюлем в облака,
будто стремятся в никуда из ниоткуда.
Картиной рваных ран смущает дюн поток,
и жилами дорог играет вечер,
и бьет восторг меня, как будто ток,
и в унисон с ним вздрагивает ветер.

8 января 1994

ПРОЩАНИЕ

Сливались две стихии за кормой.
И чайки кувыркались надо мной.
Ныряла мыслью вместе я с волной
И не хотела участи иной.

Я провожала солнце за море опять,
Я провожала солнце за море гулять,
Гулять иль спать, иль счастье дать иль взять.
Я провожала солнце за море опять...

14 января 1994
Мексика

ИГРА ВОДЫ

Фонтаны рвались на дыбы,
Оплевывая всласть прохожих
Они боролись за мечты
Людей, на камни не похожих.

Как будто с ними заодно
У ног отставленной графини
Ныряли голуби на дно -
Одни в пустыне.

Вонзал скрипач рывком смычок,
На миг сравнившись с Паганини,
И попадался на крючок
Своей гордыни.

16 января 1994г.

ВЕЧНОСТИ ПОЛЕТ

Снег метет по бездорожью,
мрачно стонет ночь.
Но куда идет прохожий
вдруг из дома прочь?
Мирно светится лучинка,
женка топит печь...
Взять бы ей своего милёнка
да на печку лечь.
Но на милого супруга
вдруг нашла тоска.
Не смогла ее подруга
вырвать из виска.
Вот идет по бездорожью
он из дома прочь...
Как же справиться ей с дрожью
и ему помочь?!
Что-то гонит его дальше -
за семейный круг.
Все-то было ладно раньше,
да сорвалось вдруг.
Не напрасно ведь в тумане
крутится метель.
Будто в радужном дурмане
бьется в сердца дверь
что-то вольное и злое
и сильней, чем зверь.
Неуемное, большое
мечется теперь.
Что-то, что все время гложет,
что красней, чем кровь,
и чего унять не может
женкина любовь.
Из другого измеренья,
из ночного сна...
То, что требует прозренья,
как любви - весна.

Что же манит и тревожит
и все вдаль зовет?
Кто ж того понять не может?! -
Вечности полет!

17 января 1994

“Путь к Богу лежит через
любовь к человеку,
и другого пути нет”.

Мать Мария.

К ЮБИЛЕЮ ПОДРУГИ ЮНОСТИ

Мрачнеет за окном ненастный день,
Но ты цветешь, природе неподвластна.
Как хорошо, что, как всегда, прекрасна,
На этот день ты не бросаешь тень.

И в радости, и в боли терпелива,
И в счастии, и в горе прозорлива,
Всегда добра, светла, ясна,
Как истинная женщина - нежна,
Жена и мать, любимая подруга,
Готовая на все для друга,
Поклонница и веры, и надежды,
Противница того, чем кичатся невежды,
Искательница мудрой истины души..
Спеши творить добро, родимая, спеши!

Наградой будет смех любимого ребенка,
И мягкий взгляд прильнувшего внучонка,
И тихий всплеск воды в вечерний час,
И память, что владеет вечностью подчас.

29 января 1994
Нью-Йорк

Я ПОЛЮБИЛА ТИШИНУ

Я полюбила тишину,
покой,
сиденье в полумраке...
Я полюбила тишину,
привязанность
к моей собаке...
Я полюбила тишину
и мягкий шорох покрывала,
и эту зыбкую строку,
зовущую начать сначала.
Я полюбила тишину,
загадочность большого зала
и эту робкую свечу,
бросающую тень устало;
остатки призрачных руин,
тоскующих о прошлом веке,
и жарко дышащий камин,
что будит память в человеке;
едва трепещущую даль,
влекущую меня куда-то,
и сладкую мою печаль
о том,
что знала я когда-то.
Я полюбила тишину
и призрачность ночного сада...
Лишь в тишине я узнаю,
как мало
мне для счастья надо.

19 марта 1994г.

“Если ты совершенно уверен,
что ты на верном пути, -
ты потерял его”.

Ветхий Завет

СОМНЕНИЕ

Я буду пробуждать таланты
Своей строкой издалека.
Я буду пробуждать таланты,
Затем что даль моя близка.

Я буду пробуждать таланты...
Но оттого дрожит рука,
Что, обладаю ль я талантом,
О том не ведаю пока.

1 апреля 1994, N.Y.

СУДЬБА

Шагаем по другим дорогам,
Хоть это, право, не легко.
Дарованное нам же Богом
Хороним где-то глубоко.

Шагаем по другим дорогам,
И оседает где-то пыль.
Не властная другим тревогам,
Встает судьба, как в поле быль.

И неясна, и уязвима,
Как под напором масс молва,
Она всегда неповторима,
Как моря пенная волна.

Её и мучают, и правят,
Пускают в нужное русло,
Но на колени не поставят -
Все что-то выкинет не то.

Она бывает обойденной,
И ускользнувшей, как песок,
Но никогда не побеждённой,
Как острый и стальной клинок.

Ей не стоять на перекрестке,
Как попрошайке поутру,
Которой страшен ветер хлесткий,
Как темень путнику в пургу.

Она тиха и бескорыстна,
Не рекламирует себя,
Но все ж порою ненавистна,
Поскольку теребит тебя.

Ты с нею повстречаться волен,
С собою вдаль ее маня,
Но если ты затменьем болен,
То обойдет она тебя.

Шагаем по другим дорогам,
И оседает в поле пыль.
Шагаем по другим дорогам,
А снится нам другая быль:

Та, что не терпит повторений -
Всё в жизни может быть лишь раз.
Ее трепещущих мгновений
Не возродить усильем глаз.

Судьба ныряет в подворотни,
Выискивая чудаков.
Но не выносит оборотней
И убежденных дураков.

Она не жаждает величья,
И не страшна ей голытьба.
Она несет свое обличье.
Проснись - в твоих руках судьба.

16 апреля 1994 г.

“Без любви у нас нет ничего...”

Андрей Кленов, “Утренний голос”

Я живу, ожидая,
что увижу тебя,
и о том не мечтая,
чтоб любил ты меня.

Мне довольно сознанья,
что живешь на земле
от меня ты в изгнаньи,
не нуждаясь во мне.

Я о том не жалею,
что живешь без меня.
Лишь душой я болею
за родного тебя.

Нашим линиям мира
не дано совпадать.
Только жертвенной лире
суждено трепетать.

Мы с тобой не достигнем
перекрестка судеб.
Путь к тебе, что воздвигла,
уже выстелил снег.

И я вдруг оступилась,
поздно встретив тебя,
и тобой поступилась
в свете яркого дня,

Осветил что нещадно
мне судьбы моей край,
и убил беспощадно
все надежды на рай.

19 апреля 1994г.

Я весть твоя.
Как факел, кинь средь ночи,
Чтоб все увидели, узнали вдруг,
Чего от человечества ты хочешь,
Каких на жатву высылаешь слуг.
Мать Мария.

Я ВЫСТУПАЮ В ПУТЬ

Затем, что нельзя измерить,
Имеет ли ненависть край;
Затем, что нельзя проверить,
Есть ли и ад, и рай;

Затем, что сознанье учит
Что есть у души глаза;
Затем, что отчаянье лечит
Прорвавшаяся слеза;

Затем, что способный слышать
Общается с дикарем;
Затем, что за право выжить
Платить предстоит янтарем -

Слезами вечного моря,
Измученного глубиной,
Следами людского горя,
А также мирской суетой;

Затем, что просит пощады
Мятущаяся душа;
Затем, что знают громады
О том, как жизнь хороша;

Затем, что уснувшие тайны
Шепчут порой: "Не забудь!";
Затем, что ничто не случайно,
Я выступаю в путь.

10 мая 1994 г.

И не светятся больше ночами
Два крыла у меня за плечами.
Я свеча...
Я сгорел на пиру -
Соберите мой воск поутру.

Арсений Тарковский, "Ностальгия"

УГАСШАЯ СВЕЧА

И брела по пути я устало...
Мне пощады просить не пристало.
До утра сил дожить не достало -
Мне судьба приговор прошептала.

Я свеча...
Я сгорела в ночи.
Не ропщи ты, судьба,
Не ропщи...

Я светила в пустыне песку,
Разгоняя ночную тоску.
Я сигналила вдаль маякам,
Чтобы было светло морякам.

Я хотела всеобщего света -
Мой призыв не дождался ответа.
И дыханьем любви не согрета,
Ухожу, не дождавшись рассвета.

Я свеча...
Я угасла в пути.
Ты прости меня, Боже,
Прости.

19 мая 1994

Ольге

Я ЗНАЮ - ТЫ УЕХАЛА К ДРУГОМУ...

Я не звонил, я не издал ни звука...
А я ведь принимал тебя за друга,
С которым не страшны ни ночь, ни вьюга.
Глупец, я принимал тебя за друга!

Зачем будила ты чужую боль?
Я так устал - уволь, уволь!

Всё это бвло уж - давным-давно...
Другая женщина, толкнувшая на дно,
Где сердце замерло - озябшее оно - ,
Где будущее было лишь одно.

Тянул я руки к ней в немой мольбе:
- Вернись ко мне, молю, вернись ко мне!
Я не спрошу, ты с кем, зачем и где,
Я лишь молю тебя: вернись ко мне!

Я отхожу, я оживаю понемногу...
Так почему же ты пересекла дорогу?

Зачем мне притворяться пред тобой,
Зачем мне делать вид, что я иной,
Что я жестокий, и неверный, и дурной,
И что желаю от тебя уйти к другой?

Не зтим упражняют высший дух -
Не тем, что можешь быть ты сух и глух!

Душа вслепую ведь работать не должна,
И заблуждений пропасть ей страшна.
Она ведь уязвима и нежна.
Ей нужен свет, и вера ей нужна.

Так было вместе нам уютно и тепло...
Зачем же ты не можешь жить светло?!

Я призываю разум на подмогу.
Я знаю - ты уехала к другому...

13 июня 1994 года

ЖАР - ПТИЦА

Спокойно ждать, пока судьба решится,
И не охотиться за призрачной Жар - Птицей
Я не могла - всего мне было мало,
Меня дотла агония сжигала.

Струилась музыка из сумрачного зала...
Воздушных замков я настроила немало.
Решимости прозреть порой недоставало -
Была готова всё опять начать сначала.

Скользила Эммой я по гладкому паркету,
И повторяла вновь историю я эту:
Полёт мечты на незнакомую планету,
Где страха нет и смерти тоже нету.

И только так росло единство с миром,
И только так мне жизнь казалась пиром,
Где я хмелела, заблуждением согрета...
Я так хочу - и я плачу за это!

15 июня 1994 года

Боже, верую!
Помоги моему безверию!

Апостол Павел

МОИ ДРУЗЬЯ УХОДЯТ...

Редеют вновь ряды моих друзей
Не оттого, что им пора в дорогу,
А оттого, что Майе* на подмогу
Уже не мчится вихрь моих идей.

О сколько, Боже, предавали
На самых важных рубежах,
И злобствовали, и свершали
"Святую месть" на виражах.

Я знаю - зло не очищает,
Оно опять рождает зло.
Добро же радуге внимает,
И всемогущее оно.

Но как же переплавить скуку,
Которой злобствовать удел,
И трансформировать разлуку
В какой-то сплав из добрых дел?

Алхимик духа - ты тому порука,
Что из пороков и вражды
Восстанеть сладостная мука -
Всесильная без ворожбы!

17 июня 1994 года

* Майя - Великая иллюзия (эзотерическое понятие)

Валентине

ПОЮЩАЯ В ТЕРНОВНИКЕ

Спасаясь от всеобщего греха,
Вошла я в дом. Там женщина сидела -
Нежна, строга и призрачно тиха...
И просто притворяться не умела.

В глаза ей глядя, я узнала двор
И внучку, чьи глаза манили синью,
И пса, что загляделся на забор,
И даже кошку - мою тезку Сильву.

И ночь струилась мягко и светло,
Плыла комета, огибая звезды.
И было мне с той женщиной тепло,
И с нею коротать могла бы вёсны.

Но мир повис на острие ножа,
Пугая нас разорванною раной.
И я ушла, теряясь и спеша,
И прикрываясь поволокой рваной.

Я в тишине преграды все смету
И ринусь грудью я на куст терновый.
И наконец я сущность обрету -
И мир услышит голос мой пронзённый.

Та песнь нежней. чем ранняя заря.
Как Божий Лик, вся светится любовью.
И все поймут, что я пришла не зря,
Чтоб грязь с планеты смыть своею кровью.

9 июля 1994 года
Костерёво, Россия

* * *

Когда распятая Россия
Предстала моему зрачку,
Я поняла, что, как Мессия,
Я жить по-новому хочу.

Что я, запутавшись в тенетах,
Блуждала долго в темноте,
Что надо справиться мне с этим,
Что все мои слова - не те.

И мои пламенные строки,
Что предначертаны добру,
Так безнадежно одиноки,
Что не помогут никому.

А где-то в предрассветной дали,
Едва заметной поутру,
Как высоченные скрижали,
Все люди тянутся к нутру,

Что и сокрыто, и надёжно,
И нас тревожит и зовёт,
Что не умеет быть безбожно,
И нас на дне души найдёт.

Так как же вырваться из плена
Ненужных связей и страстей
К душе, что вечна и нетленна
У разноликих всех мастей?!

23 июля 1994 года, Москва

ТУМАН

Над сонной сопкой стелется туман...
Он робок, и застенчмв он, и млечен.
Он, как грядущей вечности дурман, -
Хоть быстротечен, но и бесконечен.

То закрывает горизонт подчас,
Скрывая даль за призрачною дымкой,
То вдруг прорвётся и, неровен час,
Одарит солнца ласковой улыбкой.

Под ним сокрыты мысли и дела,
Успехи, неудачи и попытки.
И мечется аккорд под облака
Далёким плачем одинокой скрипки.

В иём сгусток слёз по солнечному дню,
Забывшему, что ждут его, как прежде,
По счастью и по вечному огню -
Нетленному в знак верности надежде.

Пока живу, я вижу сквозь туман
Грядущий день, что вырастет из тлена.
И пусть это зовут самообман,
Но моя вера в сказку неизменна.

18 августа 1994 года
"Campbell Inn", Roscoe

* * *

Только утро забрезжило,
Я брожу уж одна.
Я ничья не любимая,
И ничья не жена.

И тропинка уходит вдаль
В предрассветную мглу.
И откуда печаль моя,
Я сказать не могу.

Только чувствую бренность я
И удачи, и слёз,
И живучую силу я
Моих мыслей и грёз.

Приобщилась я к тайнам вдруг
Позабытых дорог,
Где желанный и верный друг
Вдруг взойдёт на порог.

Не ищу ему имени -
То ли свет, то ли Бог,
В ком нуждается именно,
Кто устал и продрог,

Кто почувствовал странником
Вдруг себя на момент,
И негаданным пленником
Вечной тайны планет.

20 августа 1994 года
"Campbell Inn", Roscoe

О, Господи, я не ищу утешения,
Я хочу утешать;
Я не ищу понимания,
Я хочу понимать;
Я не ищу любви,
Я хочу любить.

Ибо, давая, получаем,
Забывая, находим,
Прощая, будем прощены,
Умирая, воскреснем в Жизнь Вечную.

Молитва Святого Франциска

Я не искала пониманья -
Я всё хотела понимать.
И я не жаждала признанья -
Ну что оно могло мне дать?!

Любви изысканного чуда
Я не пыталась пробудить.
Искала я всегда, откуда
Своей любовью затопить.

Утешить мне хотелось друга
И не́друга с ним заодно,
Чтоб без сомнений и испуга
В какой-то миг слились в одно.

Мы, умирая, остаёмся...
Чего еще нам пожелать?
Коль никогда не расстаёмся,
То и не стоит унывать.

19 сентября 1994 года

IN VINO VERITAS *

Я пью за чистоту крыла,
вознёсшего меня.
За то, что в ярком свете дня
себя искала зря.
За то, что ночь будила сплин
мечтами теребя.
За то, что бродит где-то сын,
похожий на тебя.
За то, что я сижу одна,
запéршись на замок.
За то, что, выпита до дна,
я твой не жду звонок.
За то, что очень далеко
мне суждено идти.
За то, что вовсе нелегко
судьбу свою найти.
За то, что кто-то пробудил
уснувшую меня.
За то, что пó небу скользил
след вечного огня.
За то, что, следуя лучу,
я свой искала путь.
За то, что всё ещё хочу
в глаза твои взглянуть.
За то, что я иду одна
наощупь в темноте.
За то, что говорю слова
тебе совсем не те.
За то, что озаряет путь
нездешняя звезда.
За то, что не умела звать
на помощь никогда.
За то, что обижала мать
безвинную меня.
За то, что хочется познать
мне мир внутри себя.

За то, что всюду и везде
мерещится обрыв.
За то, что очень трудно мне
порой смирять порыв.
За то, что нет покоя мне
ни ночью и ни днём.
За то, что всё-таки на дне
мы истину найдём.

*** Истина в вине (лат.)**

Москва, 22 октября 1994г.

ДЕНЬ БЛАГОДАРЕНИЯ

Ты на пороге торжества,
ты весь во власти естества,
глядишь на стол - там птица,
что гордостью искрится.
Как символ рая,
где явь совсем иная,
невинность где желанья,
без горя и страданья.
Где только яркий свет -
источник Божества,
где ни обет,
ни жертва не нужна.
Умолкни вдруг -
ведь ты вовсю кричишь,
и оттого лишь, друг,
ты сам себя не слышишь.
Остепенись,
замри и оглянись -
ты движешься к развязке
словно в сказке...

Хвала Учителю, что уловил он суть.
Ещё за то, что ученик нашёлся,
который впору времени пришёлся,
принявши посох и узревши Путь.

24 ноября 1994 года

Но я предупреждаю вас,
Что я живу в последний раз

А. Ахматова

Живу в последний раз,
вникая
в дела мирские,
постигая тайну бытия.
И, торжествуя,
что это - "Я",
иду.
И здесь найду
я то,
за чем пришла,
что не нашла
минувший раз.
Мне Божий глас
сопутствует.
Отсутствует
лишь память,
дающая понять,
как надо ждать.

17 декабря 1994 года,
Москва

ОБЕТ МОЛЧАНЬЯ

Как тонко шепчется листва,
Как звонко мечутся метели,
Как сильно мучают слова,
Которые сказать мы не сумели.

Скопившись где-то у истока губ
И разрастаясь явственной картиной,
Они клокочут, словно в горле труб
Задержаны воздвигнутой плотиной.

Молчание важнее, чем слова, -
Оно значимей и необратимей,
Оно восходит из ночного сна,
Где мы силнее и неукротимей.

Забудь слова - лишь символы идей.
Они не знают собственную ценность.
Обет молчанья на себя надень,
Не принимай молчание за леность.

Укрытый тишиною, как бронёй,
Расслабься вдруг хотя бы на мгновенье.
Расслабься - и последуй вглубь за мной,
Проникни в недра моего стихотворенья.

Мне тоже замолчать уже пора.
Лови момент последнего звучанья!
Уж если я сомкну уста - тогда
Не знаю, вновь нарушу ль я молчанье.

25 декабря 1994 года, Рождество Христово,
Москва

Если не я, то кто?
И если не сейчас, то когда?

Хилель

Не дано мне развеяться по́ ветру песней,
Не дано мне взметнуться речною волной,
Не дано мне заи́скриться с радугой вместе -
Суждено повстречаться с самою собой.

Я хотела бы вдаль унестись за рекою,
Я хотела б не слышать грядущего стон,
Я хотела бы небо погладить рукою,
Но боюсь прикоснуться: а вдруг это сон?!

Не дано мне увидеть с тобою рассветы,
Когда медленно тает на небе звезда.
Суждено мне искать на вопросы ответы,
Ибо если не я, то кто же тогда?

1 января 1995 года, Москва

Душа обязана трудиться
И день и ночь, и день и ночь

Заболоцкий

Если б не было столько боли
Скорбно спрятано у ресниц,
Век бы плакала я в неволе
Тихих полночей и зарниц.

Улетала бы я под шумный глас
Вместе с птицами в сентябре.
И не знала бы и по сей я час,
Что за доля выпала мне.

2 января 1995 года, Москва

* * *

Надо просто идти
Сквозь пургу и метели.
Надо просто нести
Своё "Я" в своём теле.
Как ни тяжко порой,
Укрываться зарёй,
И не ведать подчас,
Бог вовне или в нас.

2 января 1995 года,
Москва

* * *

О, сколько радужных надежд
Я по дороге расплескала.
О, сколько страждущих невежд
На том пути я повстречала.

Как много нас, а Путь один.
И кто на нём - непобедим!

2 января 1995 года, Москва

* * *

Стояли сосны молча в ряд...
Они стояли, и они стоят,
А я спешу куда-то снова
И всё ищу опять я слова...

К чему слова?
Ведь память зла,
А даль ясна,
И в ней весна!

2 января 1995 года, Москва

Э.Г.К.

НИЧЕГО НЕ ПРОИСХОДИТ

Ничего не происходит
В этой жизни на земле.
Где-то время ходит-бродит
То вовне, а то - во мне.
Я рассматриваю строго
Все морщинки на стекле.
У меня нарядов много,
Чтоб понравиться тебе.
Поделюсь своей тревогой
Я с тобой, а ты - с другой.
Ты иди своей дорогой
Без меня или со мной.
Коль со мною - ветер вешний
Нас обнимет и простит.
Коль с другою - образ прежний
Мне тебя не воротит,
Я хочу оставить песню
Всем живущим под луной.
Хочешь плыть со мною вместе -
Повстречайся-ка с судьбой.
Погляди в глаза ей смело,
Прочитай в том взгляде грусть.
Принимайся-ка за дело.
Будет тяжко - ну и пусть!

2 января 1995 года, Москва

Одной надеждой меньше стало,
Одною песней больше будет

А. Ахматова

Я не жалею ни о чём -
О том, что грусть меня разбудит,
О том, что мир меня забудет...
Оно всё скажется...Потом...

Хоть так обидны расставанья
И так всесильны расстоянья,
В полуночной тиши одинокая лира
Сотворила себе против правил кумира.

И мелькнули крыла в ожидании взлёта,
И метнулась душа в предвкушеньи полёта,
Но мгновенный испуг тот порыв обезглавил
И отречься от поисков сердце заставил.

И я снова осталась на той же спирали,
На которой мечты колебаться устали,
На которой и сны приходить перестали,
На которой и вы меня нынче застали...

5 января 1995 года, Москва

И не хочу я знать, что время лечит,
Что всё проходит вместе с ним

В. Высоцкий

ОН СПЕШИЛ И УСПЕЛ

И он восстал, взметнувшись над толпой.
Совсем не мёртвый, а вовсю живой!

Зачем в глаза смотрел он смерти строго?
Ужель туда была ему дорога
Предрешена и вовсе не страшна,
А избранна, как верная жена?

Коней над пропастью он тормозил,
И очи к небу страстно возносил,
Ища там истину, которой нет на свете.
Он был у Бога на примете.

Пространство вздыбилось дугой,
Застыло время у могилы той...

Какою думою он был томим,
Какой простор открылся перед ним?
И устремлён он, и порывист так.
Лишь покрывало усмиряло шаг.

Он сердце вырвал и вознёс на плаху,
И не было в том сердце места страху.

Он жил и громко, и тревожно,
Всё было в нём неосторожно,
Не выверено - наизнос.
И кто-то на него строчил донос.

Рукой неверной подправляя даты,
Сидели за столом магнаты,
Судьбу вершили и решили -
Тому не быть. Но усмирить
Не дóлжно страстное влеченье.
И вот пришло разоблаченье...

Мы будем петь его во все века.
Его душа сверкать не перестала.
Ты отдохни, родимый мой, пока
Заря грядущей эры не настала.

Он спешил и успел -
Его жизнь завершилась.

25 января 1995 года,
Ваганьковское кладбище

* * *

А может надо просто жить,
не мудрствуя и не лукавя,
тепло и трепетно любить,
писать стихи, почти не правя;
Смотреть на небо, принимать
звезду, что катится в объятья,
мечтать о чистоте души,
а не красе земного платья;
Вставать с рассветом, собирать
росу на зябнущие ноги,
легко заботу привечать
прозрачным утром на пороге;
Порой смиренно принимать,
как факт, людей несовершенство,
и беспричинно ощущать
от жизни полное блаженство?!

26 января 1995 года, Москва

* * *

Сижу одна я. Солнце село,
Ночник погас, луна взошла.
Я оглянуться не успела,
Как моя молодость прошла.

Брожу одна по бездорожью,
Года идут и душит сплин.
Остановилась у подножья -
Наверх взобраться нету сил.

Исчез куда-то мой учитель,
Я оступилась в темноте.
Вокруг, куда ни посмотри́те,
Лишь всё водители не те.

27 января 1995 года, Москва

* * *

Почему-то мне вдруг захотелось для сердца услады,
Почему-то мужские черты проступают сквозь сон,
Почему-то порой нам ночной не довольно прохлады,
И в бреду повторяем навзрыд: "Это Он, это Он!"

Захотелось туда, где всё призрачно и однозначно,
Где играет рояль, неизбывною мукой томя,
Где всё явственно так и так неприкрыто прозрачно,
И где место отыщется может быть и для меня.

Эту думу тая, я в себя осторожно вгляделась
(Если всё под запретом, то можно позволить и всё),
Глянув в зеркало вскользь, я торопливо оделась,
И ушла в никуда, чтобы не упустить ничего.

Ты прости эту блажь, что порою зовётся сомненьем.
Чтоб развеять его, я в потёмках бреду наугад.
Хорошо, если ты наделён таким адским терпеньем,
Что позволишь мне всё же однажды вернуться назад.

28 января 1995 года, Москва

НАД ОКЕАНОМ

Я вступила на путь -
Мне вернуться нельзя.
За окошком моим
Догорает заря.
Я энергию пью
Из распахнутых сфер
И о жизни пою,
Что восходит теперь.
Я предвижу озноб,
И сомненья, и страх,
Но однако же я
Не предчувствую крах.

29 января 1995 года,
На борту самолёта

* * *

Чтобы руку на пульсе держать у планеты,
Поднимаюсь я ввысь, где Всевышнего след.
Только там оживают земные приметы,
Только там ощущаю я, что смерти нет.

Я пространство и время собой замыкаю,
Оживляя пустоты вокруг и вовне.
Замерев от восторга, я глаз не смыкаю.
Все стихии земли покоряются мне!

29 января 1995 года,
В полёте

Р А С С К А З Ы

Ничто из написанного здесь не выдумано.
Всё это я видел во сне.

Амнон Гинзай "Спящий рассказчик"

ТАЙНА ПРОВИДЕНИЯ

Никто не называл ее Ритой. Все называли ее Марго - от полного имени Маргарита. Да и как же иначе!? Ведь была она красива той всем доступной красотой, говорящей: "Нате. Возьмите!" И они брали. Вместе с дефицитными товарами базы, которой она заведовала. Одевалась она тоже броско и доступно. Вообще все в ней было ярко, чрезмерно и мгновенно. Поэтому и связи ее тоже были недолговечны. Но вот однажды нашелся человек, пожелавший остановить этот миг. И остановил. На 10 лет. Жили, вроде, нормально. Родился ребенок. Девочка. Вот только сердце почему-то разрасталось. И не вглубь, а вширь, так что вдруг стало грозить ей разрывом. Расстались. Снова все завертелось колесом, но почему-то уже не давало ощущения наполненности жизни, как ранее. Тогда она решилась уехать. Совсем. В загранку. Благо дочь еще была мала и правом голоса не обладала.

Америка встретила безрадостно. Помочь состояться не спешила. И пришлось мыкаться в погоне за случайным приработком, чтобы продержаться самой и вытянуть десятилетнюю дочь. Так промелькнуло несколько лет. Преимущественно в одиночестве, ибо заводить случайные связи становилось все сложней и сложней. И опасней. А счастья все не приваливало. Но вот однажды она приглянулась крупному бизнесмену в возрасте. Допустимом. Она не хотела его, но знала, что это надо. И ей, и дочке. Зажала себя в кулак и призывно улыбалась. Он млел. Дарил корзины цветов, икры и шампанского, так что хватало на всех друзей, которых в удаче появилось много. Она не роптала. Старалась угодить, заливая себя при встрече коньяком, чтобы не сорваться. Так тянулось какое-то время. Он одеваал ее, как королеву. Она перекрасила волосы перьями, что было модно и очень шло к ней. Это перекроило ее и внутренне, сделало сдержанней и таинственней. И даже содержательней. И вдруг в какой-то момент она поняла, что влюбилась в него по уши. Окончательно и бесповоротно. Это надо было скрывать. Маневрировать. Притворяться. Она не захотела. Или не сумела? Возникли осложнения. Он как бы начал ею пресыщаться. И тут безотказно сработал закон подлости! Его любовь как бы перетекла в нее, опустошив его самого. Какое-то время еще держался. Потом стал пропадать в поисках общения с новыми и даже старыми подругами - моложе и непритязательнее. У нее началась паника. Не потому, что боялась за свое благополучие: он по-прежнему был галантен и содержания ей не урезал. А потому, что сердце требовало его и никого другого, что случалось с ней впервые. Загрустила, запила, а в какой-то момент почувствовала, что серьезно больна. Он же, узнав об этом, и совсем перестал появляться, впрочем, обеспечив ее предварительно определенной суммой.

Наступил провал. Все последовавшее за этим она едва ли запомнила. Какое-то существование неизвестно для чего. Слышать о его похождениях стало невмоготу, друзья в беде перевелись, шестнадцатилетняя дочь достучаться до нее не могла... Первое время ходили по ресторанам, ибо готовить самой ей не приходило даже в голову. Естественно,надолго средств не хватило. Тут на каком-то торжестве, где она случайно оказалась, подвернулся поклонник много моложе ее. Был заинтригован ее отрешенностью. Уговорил переехать в Нью-Йорк, где проживал со своей матерью. Переехала. Опять потянулись серые будни, которые он безуспешно пытался скрасить своей заботой. Почти не замечала, но и не отталкивала его, ибо было все равно. Дочь росла и требовала внимания.Расходы увеличивались. А доходы? Откуда им взяться! Ухажер не обеспечивал, ибо и сам был не пристроен. Работать она не могла и помыслить из-за прогрессирующей болезни и полной прострации. Обратилась за социальной помощью по рекомендации врачей. Получила. Квартиру тоже дали государственную и с символической оплатой. В это время нас с ней и свела судьба. О болезни ее я не знала и потому не могла понять ее неудовлетворенности, впрочем все же что-то чувствуя каким-то шестым чувством. Постепенно она мне открылась. Я старалась помочь по мере возможности, но это ничего коренным образом не меняло, ибо средств хватить не могло из-за чрезмерной требовательности дочери, постепенно превратившейся в смазливую девушку. Начала закладывать драгоценности, хранившиеся у нее от лучших времен, но и они скоро кончились, а жизнь все не кончалась...

Но это только так казалось. Постепенно ее стали одолевать

нестерпимые боли, и она начала спасаться сильными болеутоляющими средствами. С постели почти уже не вставала, и вот однажды я узнала, что она в больнице. Просилась к ней, но разрешения не получила. Как видно, она не хотела свидетелей своего теперешнего плачевного состояния. К тому же и узнать ее, по рассказам единственного допущенного к ней очевидца,не представлялось никакой возможности. Вскорости ее не стало.

На похороны я отправилась, заехав предварительно к ее дочери из желания быть полезной. Застала странную картину - сборище юнцов, беспорядок, гам и сквернословие. На кладбище молодежь собиралась, как на вернисаж, основное внимание уделяя внешности и долго обсуждая наряды. Процессия получилась странной: что-то среднее между карнавальным шествием и траурным спектаклем. Меня это все ужасно удручало своей схожестью с фарсом и не давало сжиться с мыслью о трагедии. И только в последний момент, когда гроб уже опускали в могилу, вдруг что-то изначально-извечное скрючило тело разодетой девчонки, сбив ее с высоких тоненьких каблучков, протащив по земле и опрокинув на свежерыхлую землю с животным криком:

- Ма-а-а-а...

Больше я ничего не видела и не слышала, ибо потерялась во времени и пространстве...

Вот так и закончилась эта короткая жизнь, унеся тайну причинно-следственной связи с собой в могилу...

30 января 1994,
Нью-Йорк

В ПОИСКАХ ЛИЦА

Жизнь казалась ей неинтересной, смущая чрезмерной доступностью. Посудите сами, ну не тоска ли это - всегда и во всем опережать других, не прилагая к тому никаких усилий?! К тому же эта удивительная красота совершенного существа: льющийся длинной вечной рекой золотой волос, черты лица, словно изваянные рукой гения, стан, сводящий с ума каждого, случайно бросившего взгляд... Ну что ей было делать со всем этим?! Добиваться не приходилось ничего - всё само лезло в руки. А обо всех и говорить не приходится - липли, как мухи. Поэтому жизнь была пустой и лишенной цели.

Школа, оконченная с отличием, блестяще выдержанные вступительные экзамены в институт, затем успешная учеба в течение вот уже трех лет. Ей стукнуло двадцать. И вдруг - война! В ней ничего не изменилось, а попросту остановился весь жизненный процесс. Она впала в спячку. Наяву же бродила по дому наощупь, как будто все органы чувств одновременно отказали. Матери, не находящей возможности эвакуироваться с ней в таком состоянии, не оставалось ничего иного, как взять на себя все заботы о существовании семьи на оккупированной врагом территории. Она же совсем перестала показываться на улице, опасаясь своей нежизнеспособности, а также возможного внимания пришельцев к своей яркой внешности. Поэтому врагов Она и в глаза не видела. До тех пор, пока в квартиру к ним не вселился постоялец в чине офицера вражеской армии. Внешне Он был тяжел и бесцветен и чем-то неуловимо похож на римлянина. Внутренне же оказался совершенно непроницаем: часами мог сидеть в своей комнате, не издавая ни звука и никак себя не проявляя. Ел мало и неохотно. Однако при всей своей невнимательности Она все же заметила,что выходил Он к обеду зачастую с въевшейся в кожу рук краской, что наводило на мысль о его пристрастии к занятиям живописью. И хоть в поле ее интересов и оставалось только искусство, но спросить Его об этом она не решалась.

Жила она по-прежнему совершенно замкнуто, ни с кем не общаясь и даже не читая. Единственной ее страстью осталась музыка, а точнее - "Небесное адажио" **Альбинони**, которое обещало ей в ином мире нечто такое, что она упускала в этом. И вот однажды, услышав в очередной раз из своей комнаты эту неземную мелодию, Он, приоткрыв дверь, попросил разрешения присоединиться к ней. Она позволила. Тогда Он сел рядом и замер. В наступившей затем тишине Он признался Ей, что это и его излюбленная мелодия. Совместное прослушивание **Альбинони** с этого дня стало их ежедневным ритуалом.

Они почти не разговаривали, но однажды Он предложил ей что-то показать в своей комнате. Робко войдя, Она отпрянула. Со всех сторон, куда ни бросишь взгляд, она видела себя: в анфас и в профиль, сидящей, стоящей и лежащей, на земле и в воздухе... везде была Она. Лицом к стене стояло большое панно, как видно, не законченное. Она ничего не стала спрашивать. Все было ясно и так - на всех картинах была Она. Однако ни на одной из картин не было лица. Почему же не возникло у нее сомнения в том, что это она? А таков уж был этот художник - творил образ, не открывая лица!

Встреча на его территории сблизила их. Постепенно Он разговорился. Он поведал ей, что давно интересуется эзотеризмом, о котором она знала лишь понаслышке. Он открыл ей, что человек рождается с физическим телом, но без духовного, ибо последнее он должен вырастить в себе сам. Однажды Она осмелилась спросить:

- Почему вы рисуте меня без лица?

- А потому, что лицо не изначально. Его тоже надо вырастить. Простите, но у вас его еще нет. Слыхали ли вы когда-нибудь выражение, что "после сорока человек сам в ответе за свое лицо"? Вам осталось еще столько же, сколько вы уже прожили, так что не надо торопиться.

Ее смущали и необычайно волновали подобные беседы. Постепенно Он завладел всеми ее мыслями и, естественно, в конце концов это вылилось в любовь и физическое желание, вызвавшее ответное. И они слились. Она находилась в каком-то угаре. Удовольствие было острым и ни с чем не сравнимым,ибо было запретным: связь с врагом заклеймил бы каждый. Поэтому им приходилось ее тщательно скрывать. Она же находилась в состоянии как бы постоянного опьянения, что не могло остаться незамеченным. И все открылось.

Результат этого не замедлил сказаться. Однажды, когда Она была дома одна, ее навестил бывший друг-сокурсник, оказавшийся участником Сопротивления. Он долго ей что-то объяснял, а затем, поняв, что она ничего не воспринимает, открыто потребовал ее участия в уничтожении Его, мешавшего им в выполнении какого-то ответственного задания. Он утверждал, что для этой любви не время и не место, что необходимо проснуться. Она даже не стала объяснять, что Он - это ее жизнь, наконец-то обретшая смысл. Она ничего не слышала, только следила отчужденным взглядом за подвижными губами друга. Она оглохла, умерла. Он понял, что наткнулся на стену. Встал и вышел, махнув рукой, но оставив на всякий случай на столе заряженный револьвер.

Она осталась одна. Сидела, неосознанно нежно поглаживая тело оружия. Оно могло бы стать ее спасением, избавив от необходимости выбора между жизнью со смыслом и жизнью, лишенной его. Однако воспользоваться им она не успела, так как услышала звук открываемой ключом двери. Она стряхнула с себя оцепенение, быстрым движением сунула револьвер в карман и замерла. Вошел Он. Сославшись на головную боль, Она ушла к себе и заперлась в спальне. Избегала его несколько дней. Затем вдруг решилась просить его уехать на выходной день в пригород на дачу. Он охотно согласился, надеясь, что перемена обстановки благотворно повлияет на нее. Она не отдавала себе отчета, почему бросила в сумочку вместе с мелочами и оружие. Она не собиралась Его убивать. Это было выше ее сил. Она просто боялась оставить дома револьвер из-за матери.

Поездка ее немного развеяла, придала живости. Он был чрезвычайно внимателен и ненавязчив. На даче они растопили камин, бросили на пол тигровую шкуру и остервенело предались любви. Наслаждение оказалось не сравнимым ни с чем, доселе ими испытанным. Она не сумела бы объяснить, что побудило ее вдруг вспомнить о револьвере, спрятанном в сумочке, и потянуться за ним. Все последующее было вообще дурным сном для них обоих. Выхватив револьвер и целясь в Него, она сказала:

- Ты - моя жизнь, но ты - агрессор, и я приношу свою жизнь в жертву во имя свободы моей родины.

- Ты не должна этого делать, - спокойно возразил Он. - Я все это предвидел, потому и согласился на эту поездку. Дело в том, что я сам хотел предложить сотрудничество тебе и твоим друзьям. Мне тоже опротивело это варварство: ведь я - эзотерист. Ну иди же ко мне...

Выронив револьвер, Она рванулась, ликуя, навстречу его любящему взгляду, но встречный выстрел сразил ее наповал. И тогда на ее лице впервые в жизни прорезалась гамма чувств: сперва отчаяния и решимости, сменившиеся ликованием и любовью и обезображенные затем ужасом недоумениияя.

- Наконец-то Она приобрела лицо, и я сумею закончить свой шедевр, - подумал Он с грустью и отвернулся.

11 марта 1994

Они могли бы жить счастливо
и умереть в один день...

ДЖЕННИ И ДЖОН

Дженни была маленькой девочкой, верящей в добро и Санта Клауса. Когда ей минуло почти десять, ничто в этом смысле не изменилось, и никто не мог разубедить ее в наличии того и другого. Она по-прежнему с восторгом ожидала Рождества, чтобы встретиться с волшебником лично. Но это никогда не удавалось, так как она засыпала раньше, чем это могло случиться. Однако утром рядом с кроватью ее всегда ожидал сюрприз - подарок Санта Клауса, что помогало ей радостно жить дальше в надежде на непременную встречу в будущем году.

Ее десятилетие родители решили отметить широко, пригласив всех ее подруг и друзей в ресторан Летнего сада. Дженни была в восторге от этого решения и готовилась к событию очень тщательно: одела на себя серебристое белое платье, а голову украсила огромным белым бантом, чем-то неудержимо напоминающим белую бабочку, присевшую отдохнуть на этот яркий цветок. Она была совершенно очаровательна. Щеки ее пылали, а руки от волнения были холодны, как лед. Дженни ступала нежно, как Дюймовочка, по плюшевому ковру ресторана. Все было, как в замедленной съемке: ее парящие шаги, ее взгляд, смотрящий на все разом и не умеющий ни на чем задержаться, ее улыбка, открытая и загадочная одновременно... Чего бы только она ни дала, чтобы остановить это мгновенье! Наконец она приземлилась на отведенное ей место во главе стола. В молчаливом поклоне застыл перед ней официант - мальчик лет шестнадцати, стройный брюнет с живыми блестящими глазами.

- Что Вы будете есть, Мисс?

Она живо обернулась к нему и... все в ней замерло. Она не могла оторвать от него взгляда - это был Санта Клаус из ее сновидений во крови и плоти. Говорить она не могла. Тогда официант, сверкая ослепительной улыбкой, легко дотронулся до ее руки, как бы пробуждая ее этим жестом, и повторил свой вопрос:

- Что Вы будете есть, Мисс?

- Простую воду и розовое печенье, - почему-то сазала она.

- Вы уверены, Мисс?

- Абсолютно, - оветила Джении теперь уже убежденно.

Больше после этого она его не видела, но в своем воображении проигрывала с ним все сказки Андерсена со счастливым концом. Через год началась война, и в ней возникла твердая уверенность, что этот мальчик на фронте. Война длилась долгих пять лет. За это время она повзрослела и похорошела,превратившись из симпатичной девчушки в обворожительную девушку. Однако все ухаживания она отвергала. И хоть завеса с тайны Санта Клауса была уже снята, у нее все же был собственный Санта Клаус, которого она по-прежнему ждала каждую ночь перед Рождеством. А он все не шел...

...Сидя в кафе перед чашкой чая, она глядела туманным взглядом в окно, за которым, как на ладони, виднелась стоянка для машин. Машины подруливали и останавливались, а она пыталась разгадать, прежде чем это становилось явным, кто выйдет из них.. Еще одна. Еще... Вдруг в ней все встрепенулось. Из очередного подъехавшего авто вышли двое: пожилой и с ним юноша, почти мальчик, но совершенно седой. Сердце ей не солгало - это был ее Санта Клаус. Так скорей за ним! Она выбежала на улицу, но где же он?! Дженни заметалась, всхлипывая от обиды и злости на себя - Он словно растворился в воздухе, она его упустила!!

- Вы ищете кого-то? Наверное, того, седого? Смотрите, вон он - там, внизу.

"Внизу" почему-то простирался глубокий ров, окруженный высокой стеной, и там, под этой стеной, прохаживался Он в сопровождении другого, постарше.

- Джо...о...он... - прошептала она едва слышно одними губами, неожиданно вдруг вспомнив его имя, услышанное только однажды в жизни - тогда, в кафе, в день её десятилетия.

Он остановился и прислушался, но смотрел при этом своими расширенными блестящими глазами почему-то не на нее, а в пространство. И вдруг Дженни осенило: да ведь он слеп! С налету она остановилась против него, как подстреленная. Тогда он протянул руку и нащупал её маленькую ладонь.

Легонько сжав её, он на мгновенье задумался, а потом вдруг произнёс, как во сне:

- Простую воду и розовое печенье...

Она обмерла и... проснулась. Все было по-прежнему: ее комната, ее девичья постель, ее молодость. Вот только Санта Клауса она больше не ждала. Он лежал в глубоком рву - теперь она это твёрдо знала.

14 марта 1994

ЦЕНОЮ ЖИЗНИ

Дружили Женя и Аня со школьной скамьи. Причем было абсолютно неясно, что сближало их. Женя была очень хороша собой - смуглая и черноволосая, с темными и как бы всегда влажными глазами. Училась она слабо, ничем не проявляя своей индивидуальности. Аня внешне ничем не выделялась, хоть и была довольно мила собой, но в ней все как бы ждало своего часа, то есть крещения жизнью. Зато слыла она очень способной и училась отменно, будучи славой и гордостью школы. Поэтому в учебе Женя всецело зависела от нее. Аня же, в в свою очередь, покровительствовала ей и была привязана вполне искренне, впрочем не без примеси элемента неосознанной зависти к ее красоте.

Влюбились они одновременно в одного и того же кандидата, который предпочел, конечно же, Женю, используя Аню в качестве почтальона для ведения переписки со своей избранницей. Аня стоически перенесла и это - гордости ей было не занимать. Впрочем, расстановка сил со временем изменилась в ее пользу, но это уже не имеет отношения к данной истории.

После окончания школы Женя незамедлительно выскочила замуж за весьма успешного и вполне положительного молодого человека приятной наружности. Аня же вступила на путь дальнейшей учебы, а затем и науки, не пренебрегая, однако, ни искусством, ни светской жизнью. С Женей они по-прежнему были дружны, как бы сохраняя таким образом неумолимо уходящую юность.

В своей семейной жизни Женя была довольно счастлива, но детей не имела по причине, видимо, раннего аборта. Аня, отклонив несколько весьма перспективных предложений, в конце концов тоже вышла замуж за давно влюбленного в нее друга юности. Вскоре у них родился сын. Жили они довольно мирно, уважая, ценя и стараясь не ущемлять друг друга.

В зрелости Аня расцвела и стала очень привлекательной, что наконец полностью примирило ее с неувядающей красотой Жени и излечило от комплекса в связи с этим. Здесь и началась настоящая дружба. Женя, не работая и не имея своих детей, всецело отдалась привязанности к новорожденному сыну подруги. Можно сказать, она его вырастила. И он по ошибке порой называл ее мамой, конфузясь при этом несказанно, ибо отличался особой чувствительностью. Аня не обижалась. С годами она становилась мудрой, всепонимающей и всепрощающей.

Вдруг грянула беда - муж Жени погиб в автомобильной аварии. Женя очень страдала. Более всего оттого, что ей было жаль его несостоявшейся жизни. Оставаться в столь привычной обстановке без него она не умела и решилась ехать в Штаты, где давно уже обитали какие-то ее дальние родственники. Так она и сделала.

Расставание с Женей было трагедией. Последовавшая за тем разлука - тоже. Непрестанно болела у Ани душа за Женю. Как она там, на чужбине? Ведь одна! Пошла переписка. Каждый шаг сообщался незамедлительно. Жили только этим. Вдруг SOS: Женя больна, просит лекарство. Валидол. Немедленно. Много! Все больше и больше! Такого в Штатах не достать, а помогает только оно. Аня сбилась с ног. Посылала еще и еще. И страдала: как она там? Одна! Больная! Сердце не отдыхало ни минуты, и однажды не выдержало - разорвалось.

Сын и муж ничего не сообщили Жене - боялись и за неё. Потом решили ехать - иметь хоть Женю, если Ани больше нет. Спасти хоть ее! Ведь Аня как бы принесла свою жизнь той взаймы. Значит, хоть Женя должна жить! Собрались быстро. Впопыхах. Благо, с выездом упростилось. Адрес: Америка, Брайтон Бич, Женя.

Наконец аэропорт Кеннеди! Таксисту велено прямиком на Брайтон. Каждая минукта дорога! Не верилось, когда шофер остановился. Америку Брайтон не представлял. Они почувствовали себя как бы под землей: слякоть, нависшая над головой ветка метро, заслонившая небо, мрак... И вдруг мрак прорвал луч света - сын увидел в русскоязычной толпе родное лицо: Женя! Собственной персоной! И совсем не постаревшая! Он хотел рвануться к ней, как в детстве прижаться к ее груди и заплакать, но не успел. Его остановил ее знакомый голос:

- Валидол, валидол, берите валидол! Всего по два доллара за штуку. Граждане,не проходите мимо,- зазывала она надрывно.

16 марта 1994, N.Y.

ЗАЧЕМ ЦВЕТУТ ГЛАЗА НА ДАЛЬНЕМ БЕРЕГУ?

(правдиво-фантастическая история)

С Вадимом случилось что-то совершенно непредвиденное. А началось все обычно. Он кропотливо готовился к отъезду, ничем не отличаясь в этом от своих собратьев, получивших разрешение на выезд. Была какая-то неувязка с документами, вызвавшая необходимость его поездки в Москву за разъяснениями, затем традиционная ссора с тещей из-за какого-то пустяка по возвращении, затем объяснение с женой по поводу этой ссоры,затем конфликт с детьми на почве дурного настроения, затем... но хватит об этом. Наконец все это позади, и они в самолете дальнего следования. Казалось, теперь можно было бы расслабиться, но мешал страшный шум двигателя под самым его носом, а самое главное - то, что не удалось из-за всей этой предотъездной суматохи проститься с матерью.

Однако уж больно сокрушаться по этому поводу не было возможности, так как рев мотора был совершенно невыносим и косил все мысли на корню. А все оттого, что вдруг в самолете не хватило места, и ему, как наиболее молодому пассажиру-мужчине, было предложено сесть у самой кабины пилота. Выбирать не приходилось. И вот сейчас он сидит там, откуда все давно уже сбежали, и мучительно пытается заглушить мыслями этот неимоверный вой, режущий его мозг на части. Нещадно ломило в висках. Сколько это продолжалось, он оценить не мог. Наверняка знал лишь одно - это должно когда-нибудь кончиться, надо только дожить. И он цеплялся за эту мысль, как за спасательный якорь. Однако якорь не спасал. И он почувствовал, что погружается во что-то липкое, похожее на беспамятство, и когда совсем уж было погрузился, к нему прорвалась вдруг какая-то неземная музыка - символ близости к Богу. Это наводило на мысль о смерти.

- Так вот она, оказывается, какая, смерть, - метнулось в нем. - Так ведь это вовсе не страшно! Это прекрасно!

И так как музыка продолжала звучать в нем, он подумал, что уже умер, и что правы утверждающие, будто умирает лишь тело, а что-то такое, чему нет названия, продолжает свое внеземное существование.

Он не слышал голоса, взывавшего пристегнуть ремни, как не слышал и толчка шасси о ленту посадочной полосы. В себя он пришел только после полной остановки винтов, вызвавшей мгновенную тишину в самолете. И этого узкого интервала времени между рабочим шумом самолета и последовавшей за этим праздной разноголосицей толпы пассажиров оказалось достаточно для его возвращения в реальнцы мир. Впрочем, состояние оставляло желать лучшего, но он сглотнул, и его отпустило.

Ничего не сказав жене об этом опыте, он последовал вместе со всеми к выходу. Получив багаж, прошел таможенный досмотр и проделал все остальные процедуры, требуемые от него фактом прибытия в чужую страну. А затем зажил тривиальной жизнью новоиспеченного иммигранта. И все бы ничего, если бы в эту жизнь не вторгалась музыка, опрокидывая весь ее привычный уклад. Причем мало сказать, что раньше он музыкой не интересовался. Он даже не имел музыкальной грамоты. Так что играл он теперь на слух на приобретенном с этой целью органе. Но так как нот он не знал, то все время боялся что-то забыть, но почему-то ничего не забывал, а все прекрасно помнил. И наконец музыка овладела им настолько, что он забросил все остальное, потому что оно казалось ему не чем-то важным, а только фоном для его музыки, поглощавшей его целиком.

Разумеется, с этим не могла согласиться жена, на плечи которой свалилась вся забота о семье и которая совсем не понимала происходящего, относя все за счет потрясения в связи с переездом. К тому же музыки мужа она не ценила, считая блажью, не стоящей внимания и никуда не ведущей. Долго это взаимонепонимание тянуться не могло, и вскоре они расстались по обюдному согласию, как и сошлись.

Теперь лишь он окончательно освободился от всех помех для своей музыки. Он ходил в стоптанных туфлях, не замечая этого. Носил пиджак с чужого плеча, подобранный им на какой-то свалке, которыми так изобилует Нью-Йорк. Не видел ничего и никого вокруг. Он носил в себе музыку, боясь расплескать ее неосторожным движением.

Увидели его. И это была женщина, тонкая и трепетная, у которой в жизни тоже ничего не клеилось. Но это только на чужой трезвый взгляд. Ей же казалось, что так и надо жить - без особой программы, а просто видя и любя вокруг себя каждую былинку. И она видела и любила все, включая его.

Он уступил ей. Не противился общению. Впустил в свою новорожденную душу. Он рассказал ей о событии в самолете и показал плотный шарик, образовавшийся на мочке уха в результате него. А еще он играл для нее. Вот "Ностальгия". Она слушает и видит внутренним взором: идет печаль - невыносимая, на разрыв аорты, доходит до предела - больше не выдержать, но она не спадает, а нарастает дальше, еще, еще... а рядом с ней - радость жизни, свет, летят и курлычут журавли... Да как же это возможно?! Так, значит, и вправду соединимы печаль и радость?! Она же это знала! Всегда знала! Какое чудо, что он позволил ей убедиться в этом!

А вот другое - "Любовь Робота". Ночь. Диско. Певец поет о том, как роботу-профессионалу задают вопрос, почему у одних любовь короткая, пятиминутная, а у других - навек?. И вдруг, о ужас! - замыкание: запах гари, скрип, стон, скрежет, летят детали... Рушится мир робота. Вопрос сверх программы. Этого он не проходил - не было предусмотрено. И он выбивается. Тут-то и начинается настоящая вакханалия: публика беснуется, забывается, отключается. Любовь Робота! Позывные Космоса в дискотеке! Момент коллективного транса! Сейчас здесь все - маги, шаманы, медиумы!

Женщина все почувствовала, всем прониклась. Он рассказал ей и о своей незаживающей вот уже три года ране от разлуки с матерью, с которой он не простился перед отъездом. Это не дает покоя, гложет, точит, ноет.

Женщина идет домой. Ее это мучает. Она сострадает, сопереживает, вживается... И в ней рождается песня:

Зачем цветут глаза на дальнем берегу,
Одолевая боль, печаль, тоску и скуку?
Зачем цветут глаза на дальнем берегу? -
Чтоб даровать спасительную муку!

1 апреля 1994, N.Y.

"Путешествие во времени -
это путь к бессмертию"

Дафна Дюморье

ПРОЗРЕНИЕ

С Анной происходили странные вещи. Началось все с того, что как-то в ее присутствии кто-то пожаловался на мучительную головную боль, вызвав в ней странную реакцию - она вдруг почувствовала, что может победить эту боль. И победила. Потом еще и еще. Она проверяла себя неоднократно, прежде чем окончательно поверить в свои силы. Зато убедившись, она забросила все свои занятия и всецело отдалась делу служения людям.

Еще она заметила, что у нее изменилась даже манера говорить и появились какие-то ранее не свойственные ей обороты мысли. Она решила проверить себя и здесь. Позвонила своей шапочной знакомой-художнице, поразившей ее своей эрудицией во время совместной туристической поездки. Та не узнала ее, и этого было достаточно. Представилась, удивив этим вдвойне. Настояла на встрече.

- Передо мной была знакомая женщина. Она была и та, и в то же время не та. Облик был знаком, а вот дикция, манера держаться, интеллект - это было что-то новое. И это очень смущало, - вспоминала потом художница. Чего только стоила ее реплика на замечание художницы о недооценке домочадцами картин последней.

- Чему вы удивляетесь? Ведь это живопись будущего! Откуда же к ним возьмется понимание её сегодня?!

Но мы отвлеклись от темы. Вернемся. Итак, женщина посвятила свою жизнь делу служения людям. К ней приходили с любыми бедами: болезнями, стрессами, депрессиями, а порой и просто неудачами. Она умудрялась помочь всем - кому чем могла. А могла она многое, ибо читала в мыслях и даже видела ауру в цвете. И к ней потянулись люди - сначала только родственники и ближайшие соседи, а затем и вовсе незнакомые, жаждущие помощи страдальцы, привлеченные рассказами очевидцев. Цен она не назначала, а просто поставила на тумбочке при входе лукошко с надписью “Оцени меня сам”, которое не было в поле ее зрения, так что больные могли быть уверены в неконтролируемости размера их подношений. Более того, она и этого бы не делала, если б не нуждалась в каких-то средствах для своего хотя бы скромного существования.

Однажды к ней привели гостя из Германии, немного говорящего по-русски. С ним в служебной поездке случилась какая-то авария, грозящая крахом всей цели его визита в Россию. Он чуть не плакал от досады и боли. И она совершила чудо. Он не мог в это поверить. Ощупывал себя, убеждаясь в своей невредимости. Он сиял! Он торжествовал!

- Что Вы хотел обладать за Ваш услуг? - спросил он ее на ломаном русском языке.

Анна смущенно указала на лукошко в прихожей.

- Проси, что хотел,- настаивал он.- Все будешь получать.

И вдруг у неё вырвалось:

- Я хочу фортепьяно!..

Выпалив это, она сама обомлела,но он не дал ей времени отказаться.

- О, пьяно! О’кей, о’кей. Будешь получать. Мюзик - это грандиозно!

И он поспешил к выходу, чрезвычайно довольный ее заказом.

Потом она долго удивлялась сама себе. Почему вдруг пианино? Ведь она не умеет играть и вообще ничего не смыслит в музыке, да никогда ею и не интересовалась. Что за наваждение? О, Боже! И какой стыд - потребовать от совершенно незнакомого иностранца такой царский подарок! Она было готова провалиться сквозь землю от такой дерзости. Она замучила своим раскаянием всех подруг, удивленных не меньше ее этой выходкой. У них всех оставалась одна надежда - конечно, это была лишь шутка, и обещания он не выполнит. И каково же было всеобщее удивление, когда на следующий же день пополудни в дверь сначала позвонили, а затем внесли шикарное венское пианино цвета червоного золота.

Анна, растерянная, бродила по квартире, обходя подарок стороной, но ее неодолимо тянуло к нему. Наконец она неуверенно приблизилась, откинула крышку и, не присаживаясь, робко тронула клавиши. И вдруг они откликнулись, пробуждая в ней какую-то неземную, нездешнюю память. Ногой притянув стул, она присела на него, не отрываясь от клавиш. И полилась мелодия. Это была не музыка, а сама жизнь с ее смехом и стоном, добром и злом, любовью и ненавистью, отчаянием и надеждой, обидой и прощением, раздором и единением, заблуждением и истиной. Это был акт жизни.

Анна потеряла счет времени. Она уплыла в неведомое. Она находилась во всех мирах и временах одновременно. Она была всем, и всё было ею, и они были неделимы. Ее пробудил скрип двери - это вернулся кто-то из домочадцев.

И началась новая эра в ее жизни - эра музыки. Теперь все вокруг нее наполнилось звучанием, и это было прекрасно. Но это еще не все. Как выяснилось, ее музыка оказывала незабываемо-необратимое воздействие на слушателей. Как по мановению палочки волшебника, люди становились лучше. Они добрели душой, они светлели лицами...

Анну стали приглашать для игры в храмы, ибо музыка ее навевала мысль об истине и приближала к Богу. Анна подходила к роялю, бросала взгляд в зал, а затем опускалась на стул... И начиналось чудо, ибо она никогда не повторялась, а всегда исполняла что-то новое, диктуемое ей свыше. И это всегда было созвучно именно данному окружению и данному моменту. А самым странным было то, что пользовалась при этом она только белыми клавишами, совершенно игнорируя черные, как будто даже черный цвет клавиш шел вразрез с тем светом, который излучала ее музыка. И она вновь и вновь останавливала момент, заставляя людей подслушивать чужое время и омолаживая их этим. И это было прекрасно.

2 апреля 1994, N.Y.

ДАР НЕБЕС

Просыпалась я с трудом, сначала почувствовав себя физически, а затем постепенно обретая память. В висках стучало: не просыпаться, удержать остаток сна, не дать ему испариться. Всегда наиболее важное приходило ко мне во сне: какие-то решения, находки, идеи. Я не находила тому объяснения, а спрашивать кого-то не решалась - уж очень личным мне это почему-то казалось.

Сознание возвращалось разорванными клочьями, и это пугало. Наконец обозначилось лицо человека. Я даже не знала, как он ко мне относится, но позвала его - благо, что во сне все допустимо. Спустя час он уже был у меня. Потухшим голосом, ни на что, в сущности, не надеясь, я сбивчиво пыталась объяснить, как важно мне сейчас помочь родителям выехать. Он не перебивал, он все понимал. Он был стар, а жизнь такая длинная...

Я теперь и сама не понимала, что мог он для меня сделать и чего я ожидала от него. Ну даст он мне в долг, как директор служащей своего банка, большую сумму, а что дальше? Как вернуть ее? Практически никакой возможности. Не просит же она ее в подарок, на самом деле!

Но Он знал выход.

- Да, конечно, я дам тебе их - эти деньги. Почему ты так волнуешься по пустякам? Что не успеешь отдать мне их, потому что я стар? Так отдашь моим внукам, когда они вырастут. Где-то через 15-20 лет. У тебя ведь есть время в запасе, не правда ли?

Я молчала. Я даже не чувствовала унижения, потому что подарок был божьим, а я не привыкла к дарам небес. Я не знаю, сколько времени прошло в молчании, и я не помню, как пришло желание. Это было ни признательностью, ни платой за великодушие, а просто моим последним даром этой уходящей жизни.

Мы хотели и любили друг друга. Неистово. Потом затихли. Я - на время, Он - навсегда. Я не плакала и не кричала и даже не испугалась, а приняла это как должное. Я любила его даже мертвым. И я радовалась за него: ведь это так прекрасно - последовать за отливом!

Когда я на самом деле проснулась, умиротворенная и опечаленная, я находилась в Израиле, а не в комнате на улице Горького, как мне привиделось. **И это был сон во сне.** И пора было вставать и идти на работу в банк. И только это было правдивой реальностью.

Проблема помощи родителям так и не была решена, зато директор, живой и невредимый, сидел на своем обычном месте в кабинете. Но для меня он умер этой ночью в моей постели на улице Горького с детской улыбкой на лице. И таким я его и запомню.

1980, Израиль

"Ничего в жизни не надо повторять,
но в минуту слабости так и тянет
пустить в ход недоиспользованные
резервы".

Александр Жолковский.

ПРАВО НА СУДЬБУ

Они сидели в кафе за столиком, покрытым клетчатой скатертью. За окном была жизнь. Она билась мухой, запутавшейся в занавеске и борющейся за свободу. Она подступала к горлу, спазматизируя его до невозможности глотнуть вина из бокала. Она форсировала память густой цепью ассоциаций. Да что же это такое? Ведь все это уже было когда-то, и было совсем банально и не нужно! Так почему же сейчас ей это до полного затмения разума необходимо? Куда же провалилась вся действительность, безжалостно зажатая между этими двумя сидениями в кафе за столиком под клетчатой скатертью?

А действительность испарилась вместе со всеми упущенными возможностями быть счастливой. Всеми? А эта, самая последняя, разве уже не возможность? - спрашивала она себя с ожившей в душе надеждой.

Он сидел напротив молча и отвлеченно, как обычно казалось ей. Но это уже не могло обмануть ее, потому что было отметено долгими бессонными ночами, перебирающими прошлое. Больше это не введет ее в заблуждение! Хватит с нее этого омута недооценки своих и его чувств, погубившего обе жизни. Она больше не попадется на этот крючок!

Жизнь проносилась перед ее глазами грохочущим составом. Вот она видит его, высокого, тяжеловатого и стыдящегося этой своей тяжеловатости. Не за нее ли и исключила она его из круга возможных кандидатов в кавалеры?! Похоже, что да, ибо остальное все подходило: сдержанность и молчаливость, ненавязчивость и терпеливость, спокойствие и терпимость. А больше всего завлекала эта затаенная в глазах улыбка, принадлежащая только ей и готовая пролиться по первому сигналу благосклонности с ее стороны. Но сигнала не поступало, и улыбка увядала, не успев распуститься. И она выбирала "плохих" мальчиков, которые были понастырнее. А потом и того хуже - она связалась с его родным братом, старшим по возрасту. Этот эпизод заслуживает особого внимания, ибо повлиял каким-то образом на всю ее дальнейшую жизнь.

Брат его был преуспевающий студент мединститута и "половой гангстер" того времени, получивший крещение жизнью самым непредвиденным им образом: он оказался замешанным в гибели молодой девушки, за что и был обвинен и сослан. Впрочем,непосредственно виноватым он не был, но доказать это не удалось из-за "полного соблюдения" русской юриспруденцией презумпции невиновности. Так что рассчитался он за все сполна лишением свободы, потерей жизненного статуса и даже в какой-то степени нарушением психики, что и сократило несколько его срок.

Познакомились они сразу же после его возвращения. Он "застрял" на ней. Она же не чувствовала ничего, кроме сострадания, что оказалось сильнее любви. Хватило этого на два года, в течение которых младший брат молча и неустанно следил за ними, не навязывая себя ни тому, ни другой.

После окончания романа с его братом между ними снова установились ровные приятельские отношения, ничем не нарушаемые. Он по-прежнему ценил ее и дорожил их общением. После окончания школы он куда-то уезжал, куда-то поступал, где-то пропадал... Единственное, чего она не помнит, так это чтобы он с кем-то встречался, что казалось даже странным и несколько настораживало. Периодически он названивал ей по телефону, а иногда и заглядывал на часок. Ясно она вспоминает, как они сидели на приличном расстоянии друг от друга, изредка обмениваясь словами и испытующими взглядами. Их отношения никогда не подвергались ими изучению или обсуждению. Так уж повелось. Даже порой казалось, что отношений вообще нет, но каким-то шестым чувством она проникала в суть того, что все-таки они есть.

И вот однажды в один из его приездов из Москвы уже дипломированным и маститым хирургом, он, возмужавший и удивительно постройневший, привез с собой жену, маленькую и невзрачную тихую женщину-мышку. Он представил их друг другу при случайной встрече в кинотеатре. Взгляда, брошенного на нее им при этом, она так и не разгадала по сей день. Видно, в нем было все слишком запутано даже для возможности самопонимания, не говоря уже о взаимопонимании.

В этот свой приезд он почему-то пригласил ее в кафе. И опять все повторилось: молчание, обмен взглядами и теперь уже определенно отсутствие общего будущего, что по непонятной на то причине жгло и болело.

Вскоре она уехала, не повидавшись с ним. Прошли годы эмиграции. И вот она с визитом в Москве. О нем она ничего не знала. Разыскала. Он был ей необходим. С ним вдруг связалась вся ее надежда на счастье! И это она поняла только после того, как услыхала от гадалки, навязанной ей подругой, беспощадный приговор: "Вы отвернулись от судьбы!"

4 апреля 1994, N.Y.

Г.Ф.

Жизнь - вечность.
Смерть - лишь миг.

НАПУТСТВИЕ

Лия не могла понять, что происходит. Она хорошо помнила свою болезнь, а затем темноту с последовавшей за ней вспышкой света.Потом всё изменилось и хоть чувствовала она все по-прежнему, но почему-то влияния ни на что уже не имела. Сначала она видела какое-то тело на больничной койке, в котором себя она не признала. У тела копошились врачи,сменившиеся затем сокрушашающейся роднёй. И хоть картина была вполне чёткой, смысл её от Лии ускользал. Чувствовала она себя хорошо и свободно, поэтому тем более непонятен для неё был весь этот шум с частым упоминанием её имени. Ей хотелось вмешаться в зту неразбериху, имеющую непосредственное отношение к ней, что она подсознательно чувствовала. Но все её старания сделать это не увенчались успехом, ибо было похоже на то, что её контакт с миром совершенно утрачен. Объяснить это она не умела, а только обнаружила, что её никто почему-то не видит, не слышит и не ощущает, хоть сама она могла видеть и слышать всё. Это её утомляло и делало абсолютно беспомощной. Что она умерла, в голову ей не приходило, ибо опыта у неё в этом деле не было. Даже теоритического, так как в переселение душ она твёрдо не верила и всегда была занята лишь проблемами жизни. Однако всё выглядело более чем странно. Тело на койке было врачами оставлено, и на смену им пришли какие-то люди, которые занялись его подготовкой к транспортировке.Затем пошли ещё более непонятные вещи: перевозка тела в морг, препарация, затем реставрация и наконец похороны. Из того, что все родные и близкие безутешно рыдали над могилой, повторяя её имя, ей пришлось заключить, что хоронят именно её. И хоть она всё время витала здесь же, безуспешно пытаясь обратить на себя внимание словами, жестами и даже прикосновениямя, никто не замечал этого. И тогда ей стало понастоящему страшно. Что делать со всем этим, она совершенно не знала, а просто продолжала метаться, всё ещё безуспешно пытаясь привлечь к себе внимание окружающих. Ей было жаль себя, а ещё более своего неподдельно горюющего мужа и бьющихся в истерике детей. Наконец церемония захоронения её останков закончилась, и она решила дать передышку своим мятущимся мыслям, хоть это ей удавалось с трудом.

Последовавший за этим перерыв использовать для отдыха ей не удалось, так как на неё роем нахлынули воспоминания. На годах, предшествующих замужеству она долго не задержалась, ибо это было преддверием её жизни с мужем, которая одна только и имела значение. Перед ней проплывали кадры их знакомства на выпускном вечере, где она выступала с этюдом Шопена в концерте, слушателем которого он оказался. Контакт был мгновенным - прямо по Фрейду. Обмен взглядами в молчаливом ослеплении друг другом. Затем, наконец, танец, позволяющий прикосновеие. Потом постепенное врастание друг в друга.Это было явью и сном одновременно. И сказкой, которую они читали вместе. И это не проходило. Пошли дети - естественно, как плоды любви. Вопросов и сомнений по этому поводу не возникало, хоть оба они были очень заняты. Она - своей музыкой,а он каждый раз чем-то иным - археологией, филологией, экономикой, рекламой... В своих разносторонних интересах он был неутомим, а она этому способствовала, ибо музыка ведь тоже беспредельна... Двое детей пришли и развивались, как сама природа, - буйно и закономерно. В доме царили любовь и взаимопонимание. Было так хорошо, что это вызывало опасения. "Так не бывает!" - стучало где-то внутри. Есть конец сказки!

Когда Лия забеременела третьим ребёнком, она вдруг почувствовала недомогание. Гнала его от себя. Ни с кем не делилась. Списывала всё на переутомление от домашних забот,так как дом требовал внимания. Да и на работе общение с детьми, которых она обучала музыке теперь уже в Америке, куда они перебрались к этому времени, тоже отнимало энергию, хоть и являлось своеобразной пищей для души. Лия держалась, сколько могла. Пока не сорвалась. Так как к этому времени её одолевали дикие боли, то она стала терять память, что и было замечено домочадцами. Пришлось сознаться. Пошли консультации врачей. Картина начала проявляться. Вопрос стал ребром - рожать нельзя. Лия воспротивилась,так как срок был уже велик, и его прерывание могло уподобиться убийству. Смягчающих обстоятельств она не признавала. Родила почти под наркозом. Ребёнка не узнавала и кормить, разумеется, не могла. Их обоих отхаживали сообща. Вытащили.

Лия снова вернулась домой, где теперь хозяйничала уже помощница - приходящая женщина. Разговоров о деньгах в доме у них не водилось, ибо материалистами они не были, а ценили живую душу. И хоть сейчас приходилось нелегко из-за того, что доход урезался из-за болезни Лии, всё в доме оставалось попрежнему. Муж молча взял на себя все заботы о материальном благополучии семьи. Это приходилось ему нелегко, и потому дома он бывал теперь уже редко. Однако между ними всё же царило согласие. Плохо было лишь, что болезнь Лии не проходила, и ей становилось всё хуже и хуже. В конце концов её пришлось снова госпитализировать. Домой она больше уже не вернулась.

Дети навещали её постоянно. Приходил сын - рано повзрослевший десятилетний мальчуган. Сидел, как мужчина, молчаливо и сдержанно выражая свою ласку. Девочка восьми лет переходила от вспышек ребячливой радости от общения с горячо любимой матерью к порывам недетской тоски, вызванной состоянием последней. Малыша приводили редко, ибо был он говоруном и непоседой неполных пяти лет отроду. К матери он относился с оттенком недоверия, как и любой ребёнок его возраста, отвергающий болезни и муки. Контакт утомлял их обоих. Впрочем, все встречи вскорости пришлось свести на нет из-за Лииной слабости в связи с неумолимо прогрессирующей болезнью. Один муж не сдавался, постоянно убеждая себя и других, что всё наладится.Но и это кончилось, и ему пришлось признать, что и любовь не всесильна, раз она не сумела удержать единственную спутницу его жизни.

Лия угасала, не отдавая себе в том отчета, ибо внутреннее состояние её вдруг круто изменилось к лучшему. О смерти она не думала, а видела перед собой какую-то лунную дорогу, которая её вовсе не пугала, а, напротив, внушала уверенность в избавлении. Переход оказался настолько плавным, что Лия не осознала происходящего. С мужем же происходило что-то непоправимое - из него уходила жизнь, оставляя лишь видимость присутствия. Его томили какие-то непонятные обязательства перед ушедшей женой и оставшимися детьми. Он чувствовал, что жене обязан хранить вечную верность, которую понимал как отказ от жизни, а детям создать материальную обеспеченность, которую почему-то путал с полной финансовой независимостью. И он выбивался из сил в попытках реализации того и другого. Он неприятно материализовался: стал раздражителен и мелочен, равнодушен и эгоистичен. От него бежал сон, и он уходил порой в небытие посреди разговора. Он замкнулся и опустел. Его тонко чувствующая душа стала засыхать. Его больше ничто не занимало, и он перестал ощущать прелесть бытия и богатство человеческого общения. Ритм его жизни стал рвзрушать его и физически. Будучи от природы очень музыкальным и тонко чувствующим человеком, он улавливал диссонанс своего состояния, но втайне даже радовался этому алгоритму осознанного саморазрушения.

Лия больше не находила с ним контакта. У неё было ощущение, как будто мёртв он, а не она, и поэтому они друг друга не слышат. Ей это было очень больно, но она не знала, как до него достучаться. Ей мешала еще и полная неосознанность происходящего с ней самой. Но вот однажды её осенило вспышкой: это он не даёт ей уйти, удерживая её этой идеей вымышленного её присутствия. "С этим надо покончить!" - решила она. И вот, улучив момент его кратковременного пребывания в царстве сна, она пришла к нему. Приласкав и утешив,она обратилась к нему с напутствием:

- Дорогой, мы были счастливы с тобой. Спасибо тебе за всё. Но я хочу, чтоб счастье продолжалось. На смену мне должна прийти другая. Это меня не может ущемить, ибо моё останется моим, и это не пересекается. Жизнь продолжается, и гасить её факел - это кощунство. А нашим детям нужна лишь любовь, ибо "без любви у нас нет ничего", и только в любви - путь к достижениям. При её наличии дети всего добьются сами, поверь мне. Любовь спасёт мир! Сними с себя, родной, этот груз непомерных обязательств, тяготящий нас обоих. Дай мне уйти! Я устала и хочу отдохнуть. Освободи меня. Да поможет вам Бог!

Он проснулся просветлённый. Теперь он знал, куда он идёт..

Август 1994 года
"Campbell Inn", Roscoe

ГЛАС БЕЗМОЛВИЯ

Это был не мой день, что выяснилось с самого рассвета. Сначала я не могла отойти от ночного кошмара, после которого заплакал ребёнок, вынудив меня подняться. Затем я разбила свою любимую вазу при попытке сменить цветам воду. И пошло - поехало... "Надо взять себя в руки", - тюкнуло где-то внутри, но это не получалось. Кое-как справившись с утренними рутинными делами и не позавтракав, я вывезла коляску с ребёнком на улицу. "Надо наконец получить права на вождение коляски" - стучала в голове шальная мысль как бы в продолжение сна. "Что за глупость? Какие права?" - оборвала я свой внутренний голос. "Я схожу с ума."

Ребёнок мирно посапывал в такт стуку колёс о мостовую. Почему-то меня вынесло на дорогу. Машин не было, но впереди маячили спины трёх идущих женщин. Когда я настигла их, одна из них вдруг обернулась, и я с удивлением увидела знакомое, вечно улыбающееся лицо моей бывшей соученицы Мины, с которой мы давно уже разъехались по разным странам. Я не успела ничего почувствовать, как вдруг Мина, широко взмахнув руками, рухнула наземь под колёса детской коляски. Никто не понял, что произошло, но к нам уже сбегались люди. Кто-то перетащил бездыханную Мину на тротуар, а кто-то другой перенёс коляску с ребёнком, за которой поплелась и я.

Вызвали машину скорой помощи, ибо Мина в сознание не приходила. Так её и увезли в больницу. Появившиеся на месте происшествия полицейские только пожимали плечами. Порешили на том, что с Миной просто случился обморок по няпонятной на то причине. Гулять больше не хотелось, и я потащилась домой ещё более разбитая, чем прежде.

Переодев и накормив ребёнка, я посадила его играть, а а сама попыталась сосредоточиться. Мысли мои всё время крутились вокруг Мины и нашего общего прошлого. Передо мной вставал её почти не изменившийся за эти годы облик: всё тот же матовый цвет лица, бархатистые тёплые глаза и неизменная улыбка на устах. Удлинённый овал лица как бы сошедший с портрета Модельяни раннего периода. Она была добра, скромна и неизменно пребывала в хорошем расположении духа несмотря на все невзгоды, выпавшие на её долю. Нашей дружбой мы были обязаны её инициативе: она сама подошла ко мне, молча протянула руку и, улыбаясь, увела за свою парту.Она не ошиблась во мне - я служила ей верой и правдой, неизменно выручая из всех скользких ситуаций как в связи с учёбой, так и на личном фронте. Я была искренне к ней привязана,хоть умом она и не блистала, впрочем нимало не заботясь об этом и компенсируя этот пробел избытком невинности и безыскусности характера.

Хорошо помню её мать - деспотичную толстую тётю Веру, неискреннюю, хитрую и коварную бендершу. Фигуру отца вспомнить не удаётся, ибо ей так и не дали реализоваться. Мы с Верой интуитивно не переносили друг друга, но обе не показывали этого. Она - потому что Мина постоянно нуждалась в моей помощи, я - из нежелания усложнять жизнь Мины, и так достаточно тяжелую. Прошли годы. Жизнь разбросала нас, но до меня доходили слухи о том, что Мина трижды была выдана замуж и разведена матерью. Детей у неё не было. Больше наши пути с ней не пересекались - вплоть до сегодняшнего столь неудачного для нас обеих дня.

Прошел год с момента зтой "аварии".Мина давно поправилась, о чем я узнала, посетив её тогда же в приёмном покое больницы, куда она была доставлена. Что с ней было, я выяснять не стала. И вот спустя год я получаю вызов в суд, ибо обвиняюсь Миной в причинении ей ущерба детской коляской, сбившей её. Я в прострации. Ущерба? Коляской? Что за абсурд! Но выясняется, что дело вовсе не шутейное, ибо речь идёт об огромной сумме. Нужен адвокат, но я отказываюсь.

И вот зал суда. Мимо меня проходит Мина, безмятежно улыбнувшись и даже на мгновение замедлив шаг, как будто зто может что-либо изменить. Суд идёт с показаниями по всей видимости подкупленных свидетелей. Я ничего не вижу. Я ничего не слышу. Что за наваждение! - Меня опять донимает мысль об отсутствии прав на вождение детской коляски. Я ничего не понимаю. Да что зто со мной? Уж не сон ли всё это? Прямо какой-то театр абсурда! Я, оказывается, обвиняюсь ещё и в том, что была якобы не вполне трезва. От меня, как выясняется, несло пивом.

Стоп! Надо плёнку крутить назад! Что тут происходит? Что с Миной? Почему именно Мина? Почему именно я? Остановка кадра... Я опять школьница - способная, преуспевающая и знающая себе цену. А рядом Мина - застенчивое скромное дитя, забитое мамой. Что она должна была чувствовать по отношению ко мне - благодарность за поддержку либо скрытую ненависть за снисхождение? Тут надо разобраться. Возможно ли, что все эти годы она вынашивала план мести? ’Мина’’ замедленного действия! Но что могло питать её? Трагедия неудавшейся жизни или неумение доказать себе свою состоятельность? Или мама? Мама! Вот оно! Кажется нашла. Опять проблема ’’отцов и детей’’. Гиперкомпенсация. Мина должна была по эстафете отомстить своим детям за трагедию жизни, но детей-то у неё не было. Но зато есть я и у меня ребёнок... Меня осенило - коляска с ребёнком! Вот тот красный плащ, который разъярил быка! Я вдруг почувствовала себя, как на ринге. Мешали возбуждённые и жаждущие крови лица зрителей. Суд - это ведь тот же ринг с той же задачей: кто кого! Вопрос только в том, хочу ли я быть приманкой на этом спектакле.

Мина! - мысленно я обращаюсь к подруге юности. - Но ведь здесь выпадает одно звено, едва ли не самое важное: я любила тебя, искренне любила. Моей отправной точкой была любовь, всегда только любовь,а ведь любовь искупает всё!

Называют моё имя. Я поднимаюсь и медленно иду к трибуне. Я возвращаю время вспять. Я снова школьница. Сейчас я скажу то, чего не сказала двадцать лет тому назад.. Перехватить на лету руку судьбы никогда не поздно.

14 ноября 1994г.

ТЕКСТ ВЫСТУПЛЕНИЯ ПО РУССКОМУ РАДИО WMNB

Начну с России, ибо это главное. Я только что оттуда. О России можно говорить разное - и всё будет верно. Конечно, там "беспредел". Но это чисто внешне. А в общем-то она не изменилась. Я ведь смотрю необычно - как сказал бы Владимир Леви "ухожу за поволоку глаз - туда, где карты мира потерялись". А там всё прежнее. И проявить это легче, чем здесь, где всё зарыто ещё глубже - под слоем рьяного материализма. Там просто получило "зелёный свет" то, что всегда подавлялось. Поэтому кажется, что это ново. Но это всё наносное, а вообще Россия была и будет. Это несомненно. И с неё пойдёт Новая Эра. Ведь неспроста Россия - страна-Водолей. Это что-нибудь да значит!

Меня встретили с пониманием, хоть мой путь и не прост. Да и началось у меня всё необычно. Хоть как посмотреть,ибо необычны не сами события, а наше отношение к ним.В эру Водолея всё покажется необычным. Поэтический канал во мне открылся в 1991 году внезапно под влиянием стресса из-за участия старшего сына в стодневной войне.Ещё мои нетрадиционные интересы способствовали. Я выпустила свою первую книгу "Тень и Свет" в Штатах. Просила отзывов у Бродского и Евтушенко, чтоб так сказать сразу определиться, ибо я - максималистка и ничего не делаю наполовину. Получила. В общем-то благосклонные. Но всё же приняли они меня не целиком. Лишь общее направление-позицию любви с вытекающим отсюда правом на жизнь. Имели, видимо, претензии к "чистоте жанра".Лена Лозинская (маститый экстрасенс) вообще донимала за попирание канонов поэтического искусства, по которым, например, нельзя рифмовать слова "любовь" и "кровь".А вот я срифмовала в Москве - в стихотворении "Поющая в терновнике", написанном под влиянием встречи с ясновидящей-контактёром. Я прочту его в конце передачи. Над ним я заставала людей в слезах. Вот вам и законы творчества! Вы простите мне это кощунственное сравнение, но ведь и у Христа ничего не было, кроме любви.

Вы понимаете - я ведь не ищу признания, и я не проповедник - никуда не зову.Просто через меня прошел свет, и я несу его дальше. Мне это удаётся. Я ведь и лечить могу, но предпочитаю делать это словом. Так верней,потому что любая медицина -хоть традиционная, хоть альтернативная - лечит следствие, а слово лечит причину. В москве я "проявила" одну девушку, и она стала походить на свой портрет, написанный художником-иконописцем. А раньше не походила. Кстати, он ушел от мира и расписывает храм, проживая в келье и питаясь подачками. Вот это зов судьбы! Сейчас такое время, когда невозможно оставаться в стороне. Я хорошо чувствую, что выполняю миссию. Я вот хотела бы проехаться по России - из конца в конец - с беседами и чтениями. Знаю, что это надо. А финансовых возможностей нет. Как говорится: "Бог любит бедных, а даёт богатым". А мне ведь немного надо - лишь ночлег в пути да краюху хлеба. Может найдётся какой меценат да посодействует благому делу. Хоть деньги ослепляют, лишая видения, так что достучаться до богачей непросто. Хорошо по этому поводу сказал индийский мыслитель Шри Гхош: "Та жизнь, которой вы живёте, от вас скрывает ваш же свет".

Свой второй сборник "Путь к себе" я издала в Москве - решила, что именно там мой читатель. Думаю, что интуиция меня не подвела. Кстати, и общество эзотерическое обнаружила там под тем же именем. Ну не чудо ли это!? Книгу пришлось распространять самой. Так получилось. Было трудно - никто не брал. Даже бесплатно. Когда предлагала: "бесплатно" - отвечали: "тем более". Но судьба вывела (она всегда меня выводит) на "Центр Культурного и Духовного возрождения" при библиотеке ВДНХ. Взяли весь тираж. А затем "Библиотека им. Ленина" заинтересовалась и забрала у них часть тиража. Я отдала безвозмездно, оформив дарственную. У них нет средств, сами бедствуют. Зато попадёт по назначению - искателям. Ещё приняли мой стих "Поющая в терновнике" для публикации в эзотерическом журнале "Дельфис", а также обещали официально ызвать меня по программе Центра для выступления.

Уже есть резонанс: звонили мне люди (маститые и простые). Прходили. Были и такие, которые называли духовной матерью. Многие плакали. Это хорошо - такие слёзы очищают. Вот и ясновидящая мне сказала, что я очищаю пространство. А ведь это обязывает! Сначала я удивлялась: "За что? - Ведь пою себя!" Потом поняла: все люди едины, и суть у всех одна. Добраться бы только до неё! Вот я и добираюсь. И люди меняются. В Москве одна актриса-музыкантша вызвалась переложить мои стихи на музыку, так что ещё и петь меня будут в России. А вот

Вероника Долина не откликнулась, хоть я давно уже передала ей мой первый сборник. Мне и Половец из "Панорамы" отказал в публикации, но я не отчаиваюсь: ведь искусство всегда движется против течения. А вообще поэзия моя работает. Здесь в Америке тоже был случай: моя подруга под влиянием рукописи моей первой книги так разволновалась, что сама взялась за карандаш. У меня и слова такие есть:

Я буду пробуждать таланты
Своей строкой издалека!
Я буду пробуждать таланты,
Затем что даль моя близка.

Вообще всё, что говорится под влиянием интуиции, обязательно сбывается. Это мной проверено неоднократно.

Меня часто спрашивают, почему своей поэзии я придаю больше значения, чем прозе. Дело в том, что прозу я часто использую старую, в которой я выступаю просто обыкновенным человеком. Я делаю это для того, чтоб стало ясно: то, что проснулось во мне, есть в каждом. Поэтому надо ждать и верить, и ещё делать всё посильное, чтоб это ускорить.

Я оставила в Москве рукопись моей третьей книги. Пусть отлёживается. Ведь я печатаюсь пока за свой счет, а мне это трудновато. Может придёт время, когда меня будут печатать и с доходом для меня. Ведь в конечном счете нам воздаётся сторицей за наши деяния - как плохие, так и хорошие.

А теперь я прочту вам мой московский стих "Поющая в терновнике".

Я буду прощаться. Для тех, кто заинтересуется: обе мои книги имеются во всех библиотеках Нью-Йорка,где есть русские отделы,а также в магазинах русской книги. Читайте их. Они принадлежат не мне. Это дети Вечности! Я вот свою третью книгу заключила фразой: "Моё дело сказать. Кому повезёт - тот услышит". Так оно и есть. Спасибо за внимание.

6 августа 1994 года
Нью-Йорк, США